ENTIENDE TU

Mente y Tu Cuerpo

trastornos
del Habla

AJ Knight

Explora otros libros en:
WWW.ENGAGEBOOKS.COM

VANCOUVER, B.C.

ⓔ→ WWW.ENGAGEBOOKS.COM

Este libro no pretende reemplazar el consejo de un profesional de la salud ni de ser una herramienta para el diagnóstico. Es un medio educativo para ayudar a los niños a entender lo que ellos u otras personas están pasando.

Editado por: A.R. Roumanis, Melody Sun y Sarah Harvey
Diseño por: Mandy Christiansen
Consultant: Heather Romero - Child Youth and Family Counsellor

Texto establecido en Montserrat Regular.
Títulos de capítulo establecidos en Hobgoblin.

PRIMERA EDICIÓN / PRIMERA IMPRESIÓN

LIBRARY AND ARCHIVES CANADA CATALOGUING IN PUBLICATION

Title: Speech disorders / AJ Knight.
Names: Knight, AJ, author.
Description: Series statement: Understand your mind and body

Identifiers: Canadiana (print) 2023044699x | Canadiana (ebook) 20230447007
ISBN 978-1-77476-792-4 (hardcover)
ISBN 978-1-77476-793-1 (softcover)
ISBN 978-1-77476-794-8 (epub)
ISBN 978-1-77476-795-5 (pdf)
ISBN 978-1-77878-114-8 (audio)

Subjects:
LCSH: Speech disorders in children—Juvenile literature.
LCSH: Speech therapy for children—Juvenile literature.
LCSH: Speech disorders—Juvenile literature.

Classification: LCC RJ496.S7 K65 2023 | DDC J618.92/855—DC23

This project has been made possible in part by the Government of Canada.

Canada🍁

Índice

¿Qué son los trastornos del Habla?

Los trastornos del habla afectan la forma en que las personas hablan. Pueden saber qué decir, pero tienen dificultades para pronunciar los sonidos adecuados. Las personas de cualquier edad pueden tener un trastorno del habla.

Muchas personas confunden los trastornos del habla con los trastornos del lenguaje. Las personas con un trastorno del lenguaje tienen dificultades para entender lo que otros quieren decir y para hacerse entender con los demás. Las personas con trastornos del habla no tienen dificultades en este aspecto.

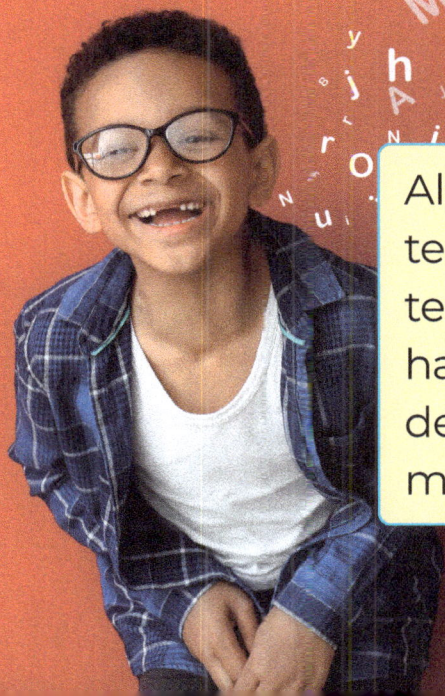

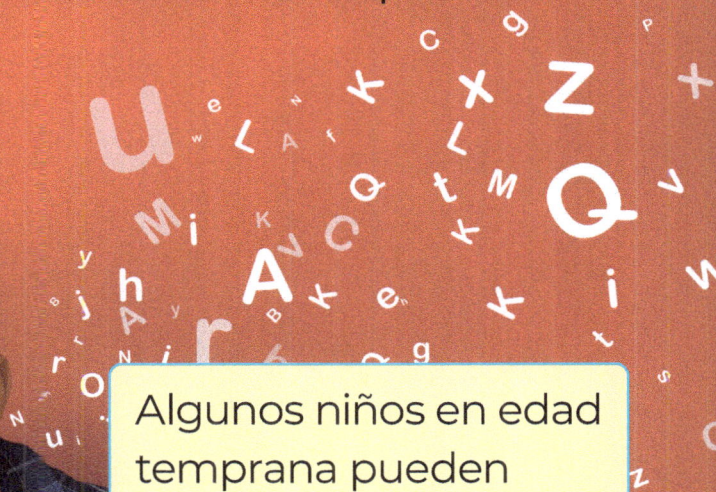

Algunos niños en edad temprana pueden tener trastorno del habla como trastorno del lenguaje, ambos al mismo tiempo.

Tipos de Trastornos del Habla

Existen muchos tipos diferentes de trastornos del habla. Algunas personas pueden tener dificultades para pronunciar correctamente los sonidos. Esto a veces puede hacer que se les dificulte a los demás llegar a entender lo que las personas con trastorno del habla dicen.

Algunas personas con trastornos del habla pueden tener dificultades para hablar fluidamente. Uno de los tipos más comunes de trastornos del habla es el tartamudeo. Las personas que tartamudean pueden empezar y detenerse al hablar varias veces. También puede que repitan ciertos sonidos o palabras cuando hablan.

"q-q-quiero i-i-ir al p-p-parque."

¿Qué Causa los Trastornos del Habla?

Algunas personas nacen con un trastorno del habla. Estos trastornos del habla pueden ser heredados de los padres a los hijos. Otros pueden ocurrir a medida que una persona envejece.

Algunos trastornos del habla son causados por lesiones. Una lesión es cuando el cuerpo de alguien resulta herido. Una persona puede adquirir un trastorno del habla debido a daño cerebral o pérdida de audición.

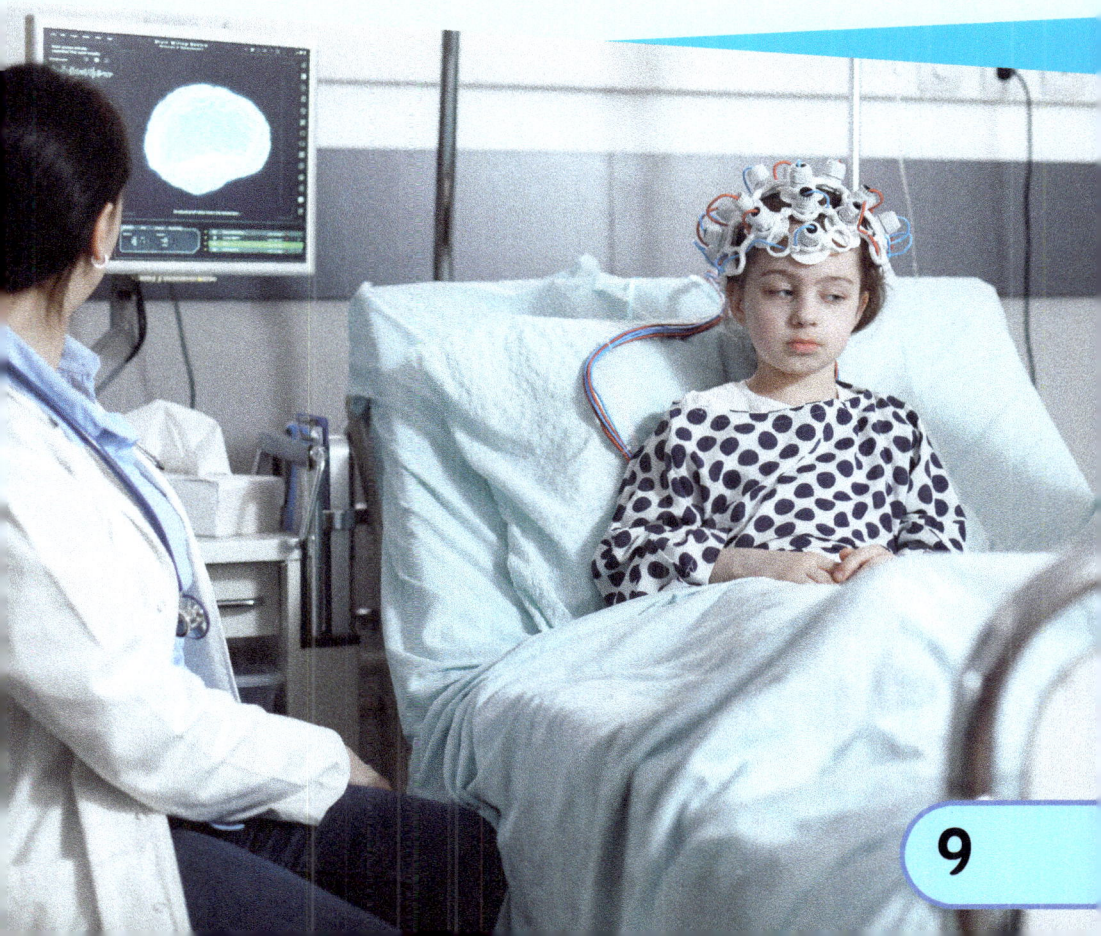

¿Cómo Afectan los trastornos del Habla a tu Cerebro?

Los trastornos del habla no suelen afectar al **cerebro**. Pero el cerebro puede afectar la manera en que una persona habla. El habla está controlado principalmente por una parte del cerebro llamado el cerebro. El daño en esta área a veces puede causar un trastorno del habla.

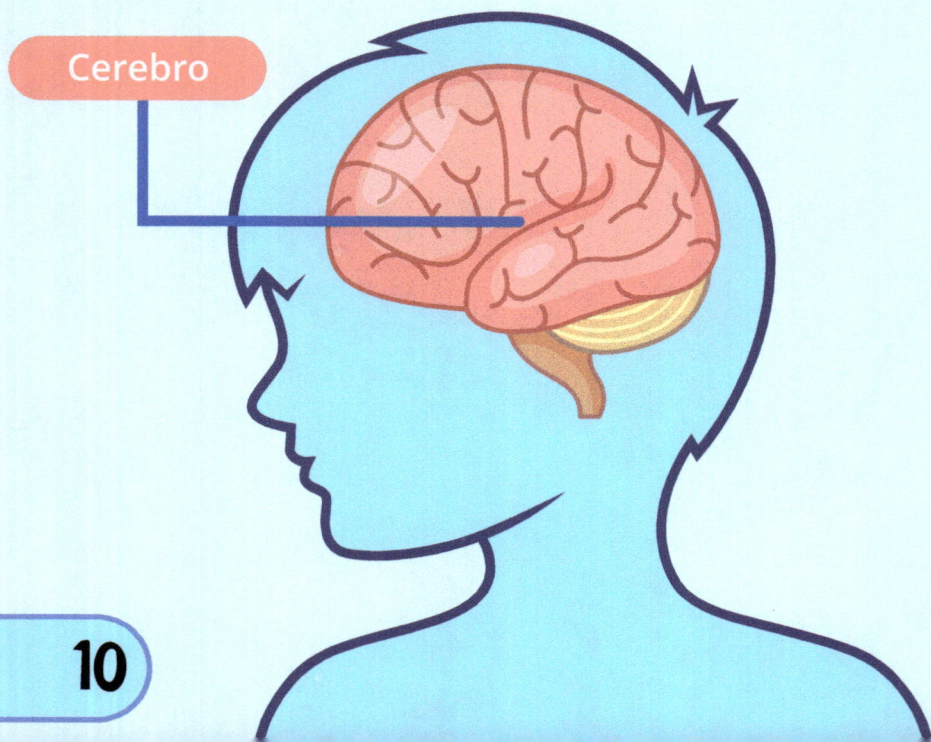

Cerebro

Tener un trastorno del habla puede afectar a la salud mental de la persona. Pueden sentirse mal consigo mismos o avergonzados. Algunas personas pueden experimentar **ansiedad**.

PALABRA CLAVE

Ansiedad: sentimientos de preocupación y miedo difíciles de controlar.

¿Cómo Afectan los trastornos del Habla a tu Cuerpo?

Algunas personas con trastornos del habla tienen dificultades para controlar partes de su boca. Es posible que no puedan hacer que su lengua haga lo que desean. A veces, los **músculos** en la boca de la persona no son lo suficientemente fuertes como para hablar claramente.

PALABRA CLAVE

Músculos: partes del cuerpo que ayudan a las personas y a los animales a moverse.

Algunas personas tienen un trastorno del habla porque parte de su rostro está paralizada. Estar paralizado significa que alguien no puede mover una parte de su cuerpo. Esto a menudo es causado por una lesión.

¿Desaparecen los trastornos del Habla?

Algunos trastornos del habla desaparecen por sí solos. Otros no. Una persona puede tener trastorno del habla durante toda su vida.

Aunque la mayoría de los niños con tartamudez la superarán, alrededor de uno de cada cuatro niños seguirá tartamudeando toda su vida.

Algunas personas con trastornos del habla podrían necesitar la ayuda de un terapeuta del habla. Los terapeutas del habla están entrenados para ayudar a personas con trastornos del habla y del lenguaje. Los terapeutas del habla ayudan a las personas hablando con ellas, jugando juegos o dándoles ejercicios.

Pedir Ayuda

Pedir ayuda puede dar miedo. Encuentra a un adulto con el que te sientas cómodo hablando. ¡Hay muchas personas que quieren ayudar!

"Sé qué palabra quiero decir, pero no logro decirlo. ¿Por qué las palabras se sienten como si estuvieran atrapadas en mi garganta?"

"Creo que podría tener tartamudez. ¿Cómo puedo mejorar?"

"Siento que siempre pronuncio las palabras de manera incorrecta. Eso me pone nervioso frente a mis amigos. ¿Hay alguien con quien pueda hablar al respecto?"

Cómo Ayudar a Otras Personas con Trastornos del Habla

Leer este libro y aprender sobre los trastornos del habla es un gran primer paso para ayudar a alguien con un trastorno del habla. Comprender lo que están experimentando te dará la capacidad para ayudarlos. Aquí hay otras formas en que puedes ayudar.

No juzgues

Sé respetuoso si alguien te cuenta sobre su trastorno del habla. Sé amable y no los juzgues si cometen errores. Las personas con trastornos del habla son igual de inteligentes que los demás.

Escucha

Las personas con trastornos del habla pueden sentir nervios al hablar frente a otros. Mantén el contacto visual y asiente para que sepan que estás escuchando. Lo que alguien dice es más importante que cómo lo dice.

Sé paciente

Dale tiempo a la persona con un trastorno del habla al momento de hablar. Trata de no hablar por encima de ellos ni de adivinar el final de sus frases. Mantener la calma y relajarse puede ayudarlos a sentirse más cómodos.

La Historia de los trastornos del Habla

Samuel Potter fue un médico que tenía tartamudez. Escribió uno de los primeros libros estadounidenses sobre trastornos del habla en 1882. Su libro animó a otros médicos a realizar mayores esfuerzos para ayudar en el tratamiento de los trastornos del habla.

Sara Mae Stinchfield Hawk fue una médica que estudió el habla. Fue una de las 25 personas que fundaron la Asociación Americana de Habla y Audición (ASHA) en 1925. En 2023, la ASHA tenía alrededor de 228,000 miembros.

Muchos soldados regresaron de la Segunda Guerra Mundial con lesiones cerebrales que causaron trastornos del habla. Debido a esto, las personas comenzaron a estudiar cómo el cerebro afecta el habla. Durante este tiempo, las pruebas para los trastornos del habla mejoraron.

Superhéroes con trastornos del Habla

Tener un trastorno del habla no tiene por qué impedirte hacer las cosas que amas. Muchas personas con trastornos del habla hacen cosas grandiosas. ¡Echa un vistazo a estos superhéroes con trastornos del habla que están dispuestos a compartir sus experiencias!

James Earl Jones fue la voz de Darth Vader en las películas de Star Wars. Se volvió **no verbal** de niño porque su tartamudez lo ponía nervioso frente a los demás. Leer poesía en voz alta lo ayudó a trabajar en su tartamudez.

PALABRA CLAVE

No verbal: incapaz de comunicarse por escrito o hablando.

La actriz **Emilia Clarke** no pudo hablar con claridad después de sufrir dos lesiones cerebrales. Su habla regresó después de una semana, y pudo continuar actuando. Emilia fundó un grupo llamado SameYou para recaudar dinero en favor de las personas que se están recuperando de lesiones como las suyas.

Joe Biden da muchos discursos como Presidente de los Estados Unidos. Ha trabajado toda su vida para superar su tartamudez. Cuando era niño, Joe practicaba hablar claramente leyendo poesía frente a un espejo.

Consejo Número 1 para los Trastornos del Habla: Aceptarte a ti Mismo

No hay nada de malo en tener un trastorno del habla. Cometer errores es parte de la vida. Jamás está bien que alguien te haga sentir mal al respecto.

Descubre qué te ayuda a sentirte más seguro cuando hablas. Tómate un momento para planificar lo que estás a punto de decir. Algunas personas encuentran que tomar algunas respiraciones profundas y hablar lentamente les ayuda al momento de expresarse.

> Asegúrate de decirle a un adulto si alguien es cruel contigo.

Consejo Número 2 para los Trastornos del Habla: Pedir Ayuda

Pide a un amigo o a un familiar que practique hablar contigo. Repasa las palabras que encuentres difíciles. Decir las palabras mientras te miras en un espejo o escucharlas en una grabación pueden ser de ayuda.

Consulta a un adulto sobre cómo encontrar a un terapeuta del habla. Tú y el terapeuta del habla pueden trabajar juntos para descubrir qué te ayuda. Un **consejero** también puede ser útil si te sientes nervioso hablando frente a los demás.

Consejero: una persona que da consejos a otros.

Consejo Número 3 para los Trastornos del Habla: Relacionarse con los Demás

Muchas personas alrededor del mundo tienen un trastorno del habla. ¡Intenta conectarte con algunas de ellas! Crear tu propia comunidad puede ser una excelente manera de compartir tus experiencias.

Amigos, familiares y compañeros de clase pueden formar parte de tu comunidad. Si no tienes a nadie en tu área, intenta buscar grupos en línea. ¡Pide a un adulto que te ayude a encontrar un grupo de trastornos del habla para niños de tu edad!

Cuestionario

Pon a prueba tus conocimientos sobre los trastornos del habla respondiendo las siguientes preguntas. Las preguntas se basan en lo que has leído en este libro. Las respuestas están listadas en la parte inferior de la siguiente página.

1 ¿Con qué suelen confundir muchas personas los trastornos del habla?

2 ¿Cuál es uno de los tipos más comunes de trastornos del habla?

3 ¿Puede alguien nacer con un trastorno del habla?

4 ¿Qué parte del cerebro controla principalmente el habla?

5 ¿Para qué están entrenados los terapeutas del habla?

6 ¿Quién escribió uno de los primeros libros estadounidenses sobre trastornos del habla?

Explora Otros Libros de Nivel 3

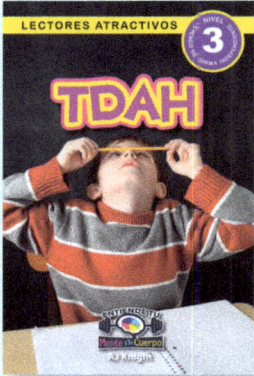

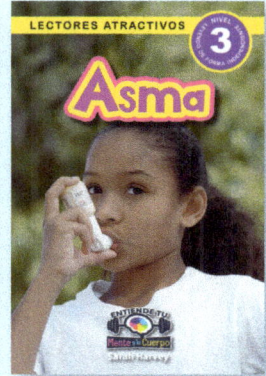

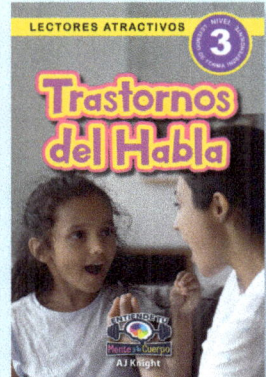

LECTORES ATRACTIVOS — NIVEL 3

TDAH
AJ Knight

Ansiedad
Kelsey Sun & J Smith

Asma
Sarah Harvey

Diabetes
Kit Caudron-Robinson

Dislexia
Alexis Romanis

Imagen Corporal
Ashley Lee & J Smith

Obesidad
Kit Caudron-Robinson

La Perte de Vision
Hannalora Leavitt y Sarah Harvey

Trastornos del Habla
AJ Knight

Visita www.engagebooks.com/readers

www.ingramcontent.com/pod-product-compliance
Lightning Source LLC
Chambersburg PA
CBHW051241020426
42331CB00016B/3471